…児
うれしさを自信に

和光鶴川幼稚園

子ども理解と大人の関わり

contents

3歳児　うれしさを自信に

和光鶴川幼稚園
『子ども理解と大人の関わり』シリーズ刊行にあたって

和光鶴川幼稚園園長　園田　洋一

私は長年小学校教育に関わってきましたが、勤務する学園の体制変更にともなって、三年前から小学校長と幼稚園長を兼ねることになりました。週の半分は、幼稚園に勤務しています。そこで出会う子どもたち、そしてそこに関わる先生たちの姿、日々保育が終わった後に職員室で語られる先生方の子どもたちへの見方や考え方、そのすべてが新鮮なものでした。幼児教育初心者の私でしたが、保育の中で手が足りないときの補助や、遠足の引率などのお手伝い、毎週開かれる職員会議や保育研究の討議を通して、幼児の育ちと幼児教育のなかで大切にすべきことを学んできました。そこで感じたことは次のようなことです。

第一に、幼児期の子どもたちは、本来どんなことにも意欲的で、どんなものやひとやことにも関心を示し、いつも自信に満ちあふれ、自己肯定感いっぱいに生活しているということです。

園田《そのだ》　洋一《よういち》

教師歴35年

和光鶴川幼稚園園長

和光鶴川小学校校長兼任

第二に、大人が考えている以上に、子どもたちは自分自身で物事をよく見て、よく聞いて、とても鋭い感性と感覚で、物事を認識しているということです。自分たちが　獲得した力は彼らが生きる上で大きく発揮され、大人が伝えることや教えようとすることよりも、大きな影響力を持っていることを思い知らされます。

第三に、3歳から5歳までの三年間ではありますが、仲間や異年齢の関係の中で、子ども同士が刺激し合い、伝え合い、どんな子も年長になるとさらに自信にあふれ人間的にも大きく育っていきます。その年長児としての誇りや自覚が日々の活動の支えになっていることがわかります。

そして最後に、この素晴らしい幼児期に関わる教師（保育者）たちが日々当たり前に営んでいる仕事の中に、長く小学校教師をやってきた私にとって、今まで思いもしなかった新しい学びがたくさんあることでした。

このシリーズは、私たちの幼稚園の教育を紹介することを主な目的にしたものではありません。前述したように、私が数年前から関わるようになった幼児教育の現場で感じる幼児の育ちの特徴をクローズアップし、子どもの「今」と対話する教師たちの仕事の一部を紹介しながら、この時期の子どもの成長とその可能性について共有したいと考え、つくられています。

シリーズの一作目は、幼稚園の入門期でもある3歳児に焦点を当て、毎日その子

たちに関わる保育者と長年幼児教育に関わってきた副園長とのてい談を通して、この時期の子どもたちの様子をリアルに取り上げています。副園長の保志史子さんには、3歳児の特徴や大人たちの関わり方についてコラムにまとめてもらいました。また最後に、私たちの幼稚園で3歳児の遊びを研究されてきた首都大学東京の田中浩司先生にも、研究者の側から見えた子どもたちと教育について書いていただきました。

ここに現れる子どもたちの様子は、この時期の子どもたちのごく一部を紹介していることをお断りしたうえで、それでも子どもが自ら生きて、成長していく内的なエネルギーを信じることと、そこに関わる親や教師や大人たちの役割について、少しでも子どもたちに関わるヒントになればと願っています。

私たちは今、4歳児編、5歳児編の作成を始めたところです。子どもたちの成長と共に引き続きお読みいただけると、幼児期の世界がより豊かに広がっていくことと思います。

二〇一四年六月二〇日　星組（五歳児）合宿を目前に控えて

＊本文中に3歳（児）とあるのは、3歳児クラスの子ども（三歳一カ月〜四歳十一カ月）を指します。4歳（児）、5歳（児）も同様です。

おはよう！
8:40
朝の会
10:00
描画
10:30
お誕生会
木工作
遠足
お弁当
12:00
さようなら
自分の時間
13:30
15:00

和光鶴川幼稚園

花組(3歳児)の
いちにち

クラスみんなで
過ごす時間

11:00

こんな子どもに

＊自分っていいなと思える子どもに
＊自分の好きなことをとことんやれる子どもに
＊つまずきや失敗から学べる子どもに
＊人といっしょに何かをすることが楽しい、
　心地いいと感じられる子に
＊違う人と関わり合うことを楽しめる子どもに
＊主体的・能動的に生き、
　人とつながろうとする子どもに
＊夢をもって生きていく子どもに

こんな生活を大切に

＊自然の中へ出かけていく

幼稚園の周りの環境を活かし、
自然の中での体験にワクワク・ドキドキ

＊生きる・食べる・つくる

畑で作物を育て、みんなで調理、
「みんなで食べるとおいしいね」

＊子どもたちの興味・関心を広げる文化との出会い

ものづくり・描画・歌・リズム・おどり
体育・文学・ことば

＊自分の好きな遊びを見つけて夢中になってあそぶ

お弁当を食べた後の時間は、子どもの「自分の時間」

＊人を信じ、人とつながりあう（人と関わる）

＜和光鶴川幼稚園の概要＞

◆クラス
３歳児・花組　　２学級（計４８名）
４歳児・月組　　２学級（計６０名）
５歳児・星組　　２学級（計６２名）

◆教職員
園長（和光鶴川小学校兼任）　１名
副園長　１名
教諭　８名
事務　１名
用務　３名

◆保育時間
午前８時４０分～午後３時（火～金）
　昼食はお弁当（水・金おにぎり弁当）
午前８時４０分～１１時３０分（月）
＊土曜日は休日

◆預かり保育（やどかり）
午後３時～６時（火～金）
午前１１時３０分～午後６時（月）

〒195-0051　東京都町田市真光寺町 1271-1
電話 042-735-2291
http://www.wako.ed.jp/k2/

「和光鶴川幼稚園」で検索♪

花組（3歳児）のいちねん

夏

二本足のにんじんだぁ！

きもちいいよ～

自分で作った舟だよ

「なすのマイクでうたうよ～♪」

おいしそうな大根ができたね！

うんどうかい

秋

春

風緑(かざみどり)の丘で

いちご畑で
いちごつみ♪

わこうるかわようちえん

入園式

はっけよーい
のこった!

畑の土づくり

赤しそで
ゆかりづくり

ゆかりごはん

冬

園通信「ありんこ」より

新入の子どもたちも幼稚園に少しずつ馴染んできています。

今、幼稚園で花組の子どもたちが、うれしくて誇らしいのは、「自分のことが自分でできた！」と実感できたその瞬間です。こんな瞬間のうれしさを、教師や友だちにも受け止めてもらえると、もっとうれしくなって「また自分でやってみよう」という気持ちを自分の中に育てていくのです。

＊ある日の花２組で……

小島先生が「帽子はね、こうやってかぶるんだよ」と話すと、その通りに自分で一生懸命やってみる子どもたち……。小島先生がかぶって見せてくれたときに、子どもの帽子をかぶった小島先生を見て、私（保志）が思わず、「わー、小島先生帽子にあうねー、小島先生みたいにかぶりたいねー」と言うと、それが子どもたちの心にもぴったりだったようで、みんな「こじませんせいみたいにかぶる！」と、とても積極的にやりはじめ……「ほしせんせい！　ほら！」とかぶった自分を見せてくれました。

ほしせんせい
みててね
ほら！
かぶれたよ！
保志
ほんとだ〜
かぶれたね〜
こじませんせいみたい
にあうよ〜

ほしせんせい
わたしも
できたよ〜
保志
ほんとだ！
こじませんせい
みたいだねー

みてみて
わたしも
かぶれたよ！
保志
ほんとだ！
ほんとだ！
みんな
こじませんせいみたい
だねー

保志せんせいのコラム

子どもを見るまなざしポイント

この時代をたっぷり楽しんでほしい

＊自分のことが自分でできるようになることがうれしい時

３歳児で幼稚園に入園してきた子どもたちがまず戸惑うのは、お母さんやお父さんから離れて自分のことを自分でするということです。家庭では困ったらすぐにお母さんやお父さんが助けてくれたりやってくれたりしたことを、自分の頭で考えて自分でやらなければなりません。お母さんやお父さんもそこがまず心配になるところだと思います。幼稚園の保育者も普段より人手を増やして子どもたちに関わるときです。大人も子ども自身も「たいへん！」な時期……。

でも、私はこの大変なときこそ大事だと思います。初めて『自分のことを自分でする。自分でできるようになる』ということは子どもにとってとてもうれしいこと、その気持ちと共にこの力をつけていってほしいと思っています。“自分でできた！”時の子どもたちの笑顔は何とも言えず誇らしげです。自分のことが自分でできてうれしいと感じられるこの気持ちを大事に子どもたちに成長していってほしいです。うれしさが子どもの自信になっていくのです。

大人が厳しく叱って子どもにやらせるのではなく、子ども自身が「自分でできてうれしい」という気持ちに大人が共感することで、子どもがやりたい気持ちを膨らませていくような関わりが大事だと思っています。

〈てい談〉

3歳児ってどんなとき？
うれしさを自信に

保志《ほし》　史子《ふみこ》

教師歴 28 年
和光鶴川幼稚園
副園長

室橋《むろはし》　由美子《ゆみこ》

教師歴２１年
和光鶴川幼稚園
花一組担任

小島《こじま》　千恵《ちえ》

教師歴２１年
和光鶴川幼稚園
花二組担任

＊てい談・二〇一三年一二月二六日収録
子どもと保護者の名前は仮名です

1 3歳児の模倣 ～「まねっこ、ごっこ」について～

花組担任と保志先生によるてい談は、特にテーマを決めたわけではありません。日常の子どもたちの様子と教師の関わりを自由に語ってもらいました。まず3歳児の一つの特徴でもある「まねっこ」「ごっこ」（模倣）の話題からてい談は始まりました。

何にでもなりたがる3歳児

室橋　3歳児って何にでもなりたがるよね。自然に色々な人のまねをする。朝の集会で歌を歌ったり、劇や音楽などを見たりするけれど、すぐにその見たものになりきりたいという気持ちが生まれてくる。〝そのせん〟（園長の園田先生）がギ

先生が読んでくれた「はらぺこあおむし」のまねっこして読んでいるところ

ターを持って、みんなと歌うと〝そのせん〟になりたくなる。〝そのせん〟になりたいと思うと、頭にバンダナを巻いて…。そうすると同じバンダナを巻いても、忍者でもないし、海賊でもなく、朝の集会で出会った〝そのせん〟になってしまうんだよね。

小島 そうそう、何にでもなれちゃうところがこの頃の子どもたち。男の子でもスカートはいていてもそんなに違和感がない。本人もだけど、まわりからも受け入れられている。4、5歳では「男の子なのにスカートはいてる」って言われ始めたりもする。

室橋 お母さんなんだからはいていて当然。お店屋さんになってもスカートはいている子どももいるわけ。「おかあさん?」って聞くと、「おかあさんじゃない。おみせのひと」。レストランの人でもスカートをはくっていう認識なのかな? そこが

「おかあさんごっこしてるのよ～！」

3歳児だなって思う。

小島 〝そのせん〟になりたくなると、バンダナとギターが必要になる。幼稚園ではあまり出会わないのに、そのギターに憧れるの。家でも話題になって、小さなギターを買ってもらった子もいる。

室橋 家でダンボールやティッシュのケースに輪ゴムつけてギターを作ってくる子が何人もいる。その憧れが強い。

憧れる・心はどこからでてくるか？

保志 園田先生への憧れはどんなところから出てくるのかな。

室橋 子どもといっしょにギターを弾いて歌ってくれる。それが子どもはとても楽しいし、うれしいからじゃないかな。

保志 何か半端なものじゃないんだよね。〝そのせん〟はある意味「本物」なんだと思う。プロとか、技術的にすごいとかでは

「そのせ〜ん!!!」

なく、子どもたちに本気で向かってくれているのが伝わっているんじゃないかな。

獅子舞を子どもたちが自分たちで作って、まねて踊ったりするよね。荒馬座の獅子舞を見て、子どもたちはすごく怖がったのだけど、それだけ強く子どもたちを惹きつけるものがあったのだと思う。子どもが獅子になりたいのか、獅子舞を踊りたいのかわからないけれど、それがこの時期の特徴かな。3歳児って、あれは人間がやっているんだよと理屈で理解するのではなく、獅子そのものに強く惹かれるんじゃないかな。荒馬座の荒馬踊りも、ある年齢までは「馬だ」って思うの。あるときから人が馬をつけて踊っているんだと認識するようになる。3歳児は「(馬)そのものになってしまう」よね。

小島　そうそう、荒馬を着けると馬になっちゃう。それで友だちと「こんにちは」とか

「そのせんになっちゃった〜」　「ギターもってるんだよ」

話してしまう。荒馬が踊りだけのアイテムではない。自分がそれになる。変身しちゃう！　川に水を飲みに行くとか、草を食べに行くとか。

保志　どんなものをまねするかを見ているとおもしろいよね。子どもにとって憧れの存在となっているものが子どもの周りにある。お母さんって子どもにとって、絶対大事な人。幼稚園では先生だね。お母さんたちが家で子どもが先生のまねをしているのを見て、「幼稚園では私のまねをしているんじゃないかと心配です」っていうけど、それだけお母さんは、憧れる大事な存在だってこと。

室橋　まねっこもそうだけど、ごっこの世界も3歳児で見られるようになる。たとえばピクニックに行くのも、自分の経験を生かして、シートとお弁当と水筒を持って出掛ける。みんなで座って、シートを広げて「おいしいね」ってなる。だからど

「おいしいくさだね」

「ラッセーラー　だいすき！」（荒馬踊り）

んな経験をしているかで、ごっこの世界も変化してくる。

小島　うちのクラスでは「おいしゃさんごっこ」が一時期盛り上がっていて、歯科検診のときに子どもたちは横になって歯を診てもらっていたのだけれど、ごっこ遊びでその通りに歯医者さんになって、膝に布を敷いて子どもが横になって診てもらっている。自分たちが経験した歯医者さんの姿と同じようにやっているのがおもしろかった。

室橋　相手の背中を叩いている子もいて…あれは確実に校医の先生のまねだね（笑）（注　校医の山口先生は、内科検診で子どもたちの背中を撫でて背骨の異常がないかを診て最後にポンと背中を叩きます。）待合所も作って次の人に「何名様ですか」なんて聞いている。診療所なのか、ファミレスで待っているのか、混ざっているみたい。

ピクニックごっこ

「キャー！　おおかみー！
にげろー！！」

「ここならだいじょうぶ！」

ひっこし鬼
（3びきの子ぶた）

保志せんせいのコラム

子どもを見るまなざしポイント

子どもがマネしたくなるのは…

３歳児の子どもたちは『(憧れの）〇〇』になりきって遊ぶことが大好きです。なりたいものに瞬時になりきってしまいます。感覚的にそれらしくなりきる姿は、それが大人から見てもしっかりとその本質をとらえているので本当に驚かされます。こういうところが子どものおもしろいところですね。

子どもたちがまねしてなりたくなるのは、お母さん・お父さん・おねえちゃん・おにいちゃん・先生です。こっそり見ていると、口癖やしぐさまでよくとらえていて、まねされた本人はちょっと恥ずかしくなってしまうくらいです。子どもたちにとって憧れであり、お手本であり、よくも悪くも一番影響を与えている存在なのだなぁと思います。その他、消防士・警察・どろぼう・お医者さん・看護士さん・恐竜、それからお化けなどなど。

「わぁー、この人すごい」「怖い！　けれどおもしろい（魅力的)」「かっこいい」と思ったらすぐに自分がやってみたくなるのが３歳児の子どもたちです。

「むしばですね～」

「はいしゃさんです」

「つぎのかた～」

ごっこ遊びへの大人の関わり方

保志　そういうとき、教師はどんなふうに関わっているのかな。大人の関わり方によって、すぐに終わってしまったり、もっと広がったりすると思うんだけど。

小島　3歳児の一学期は、一つの遊びが始まってもなかなかつながらないことがある。お医者さんごっこのときは、私が「次の人どうぞ」と言う役になって「どうしましたか?」と聞くと、うみ君は「ヌーにふまれました」と言ったの。うみ君はヌーが大好きで、そのヌーにふまれてケガをしたっていうことだった。他の子はヌーって知っているのかな? と思ったけど、「そうなんですか。大きなヌーにふまれて大変でしたね」と言うと、何となくイメージはつかんだみたいだった。

コンサートごっこ

でんしゃごっこ

こんなふうに、はじめは教師がつなぐ役をしていくなかで、二学期くらいからは子どもたち同士で自然につながって、自分たちでやり取りしながら遊べるようになっていく。

室橋　一学期の後半、教室の中で、新幹線の車内に見立てた椅子でみんなで乗って遊んでいたんだけど、はじめは椅子をみんな進行方向に向けて座っていたんだよね。私が切符を買って乗り込んで、その椅子の向きを向かい合わせにして、椅子と椅子の間にテーブルを持ってくるだけで、その世界が広がって…。車掌さんが「特急券を拝見します」って来たり、楽しさが広がっていった。はじめは私のほうで「終点だよ」ということで「さあ着いたから、みんなで温泉に入りましょう」なんて声をかけていたけど、今（十二月）は自分たちでいろいろと考えている。

保育せんせいのコラム

子どもを見るまなざしポイント

初めは共鳴しあって…

３歳児の子どもたちは、入園当初は自分のことで精一杯ですが、しばらくして他の友だちに気づき始めると、友だちのやったおもしろいことを自分もまねをすることで、つながりだします。

たとえば、キャーという声を出す子がいて、それをおもしろい！と感じた子どもがまねをしてキャーと言い始め、また、他の子どもがそのまねをして…と止まらなくなったり、名前を呼ぶ返事に動物のまねや恐竜になって「ガオー」と返事をする子どもがいると、次の子もまねをしたり…ということもあります。

これは、困ったことのように見えますが、子ども同士がそうやって共鳴し合うことを楽しみだしたということでもあります。もういいやというくらいまでその関係を楽しむと、他のことへも気持ちを向けることができるようになっていきます。大人が、こういうところで怒っても子どもの思いとすれ違い、空回りしてしまいます。大人もいっしょに楽しんでしまうか、見守りながら待ってみるのがいいようです。でも、あまりエスカレートしてしまうと、子どもも自分でも止められなくなり困ってしまうので、「これ以上は困るな」とほどほどのところで大人が止めて、さりげなく他のことへの切り替えができるようにすることは大事ですね。

また、『走って先生にタッチ、次は先生が子どもをタッチ』を繰り返し遊ぶことも大好きです。キャーと逃げてタッチ…の繰り返しが楽しいのです。このような共感関係を楽しみながら、子どもたちは人と関わる心地よさを感じていきます。そして、毎日のように追いかけてタッチして…をやって満足すると、また違う楽しさを見つけたくなります（追いかけっこや鬼ごっこへもつながっていきます）。

「ししにかまれると、いいことありますよ～」

保志　子どもの遊びを見てみると、「そんなことがおもしろいんだ」と思うことがある。そこにいる大人が、見ていて笑ったり、喜んだりする。そうすると子どもたちは、大人のその表情を見て、安心してもっとおもしろく遊びたくなるよね。「あの本物のようにやって遊びたい」という子どもの思いを、側にいる大人はわかってあげたい。子どもが、本物のようにやれるように（本物ではなく）それらしく見立てられる素材を用意してあげると、子どもたちはもっとその遊びの世界に夢中になっていくね。

　たとえば、乗りものごっこをしていたら、チケットになる紙が一つあると広がる。高価なおもちゃでなくていいんだよね。お母さんたちにも伝えたいことだな。

　それと、子どもって、すごくよく大人を見てる。これは、5歳児の子どもだけれど、教室で大声で騒いでいる子どもが

「あかちゃん、どうしましたか？」

多かったので、「みんな話を聞いてほしい…」って注意をしたら、それを見ていたある子が「先生は、みんなって言ったけど、みんなじゃないよ、○○君と○○ちゃんと…だよ」とか言うの。すごいなって思った。でも、その子に誕生会のときに「大きくなったら何になりたい？」って聞くと、その子は「恐竜になりたい」って言ったんだよ。この時期の子どもの認識って「ああ、そうなんだ」って思った。

大人の関わりで大切なことは、そこにある楽しさを満足させてあげることだと思う。大人は、すぐ大人の思いで子どもを引き上げようとしてしまいがちだけれど、子どもがそれをずっとやっていたらどうなるのかなって見守っているくらいでいいんだと思う。

保志せんせいのコラム

子どもを見るまなざしポイント

ごっこ遊びは子どものもの

３歳児の遊びの世界は、ほとんどがごっこ遊びです。ままごとだけではなく、ミニカーで遊んでいても、電車で遊んでいてもごっこ遊びをしています。「今日はどこにいく？」「今日はお買い物だよ」などなど車や電車がおしゃべりしながら、その子のストーリーで遊びが展開されていきます。その中で子どもは、空想して、想像して、なりたいものになりきっています。その子どもたちの会話やつぶやきを聞いていると、こんなことを感じているんだ、こんなことに憧れているんだ、こんな世界を持てるようになったんだ……とその子どもが見えてきます。

入園当初は、何をして遊ぼうかと戸惑う子どもも多いので、保育者が「おみせやさんになっちゃおうかな」と遊び始めることもあります。「いらっしゃい、いらっしゃい！」と保育者は遊びの雰囲気づくりをしながら、いろいろな役になってみます。「やりたい！」と保育者と同じように子どもたちがやりはじめたら、保育者は出すぎず、子どもたちのやりたいことを後押しするような関わりをしながら、いっしょに遊びます。

そんなふうに遊ぶことを何度も繰り返すうちに、子ども同士が関わり合って遊ぶようになります。そして時には、子どもたちの思いがぶつかり合うことも出てきます。それぞれの子どもたち一人ひとりにやりたいことができてきたからこそ、友だちへの要求が出てきたのです。ぶつかり合ったときは、保育者が間に入ってそれぞれの思いを伝い合えるように関わります。そうして自分のやりたい思い、友だちの思いに気づいていき、友だちと折り合いをつけて遊ぶことも学びます。子どもたちは、友だちと「○○しようか」などと話したり、おもしろいことを考え合ったりして子ども同士で遊べるようになってくると、本当に生きいきしてきます。

ごっこ遊びに夢中になって遊ぶ中で子どもたちは、自分たちでなりたいものになって、やりたいことをやっていく楽しさ、ここちよさを感じながら、友だちとつながる力も育んでいくのです。

「きれいにたたもうね」

子どもをおもしろがる大人が側にいる

小島　いつだったかな、女の子たち数人が「女子会」（花組の教師たちでそう呼んでいる（笑））みたいに集まってままごとをしていたの。ごちそう並べて、温泉に行って、帰ってきて、「さあ、おしごとよ」って出掛ける。それを何回も繰り返しているの。でもすっごい楽しそうなの。こういう繰り返しが楽しいんだ、と思った。

保志　見る人によっては、ただ「ああ、おままごとしているんだね」としか見えないかもしれないけれど、側にいる大人が子どもたちが楽しんでいることをわかって、おもしろいって共感し、子どもたちの様子を見ながらにこにこ笑ったりすることで、子どもたちはうれしいし、その楽しさが子どもの中に広がっていく。そうい

女子会？

うふうに見てくれる大人を、子どもは知らず知らずのうちに信頼するようになる。教師に必要なひとつの感性だと思う。

室橋　その「女子会」だって、小島さんが「ねえ見て見て、あの女子会」って私に声をかけてくれたから、いっしょに見て、いっしょに笑っていた。そこには先生は〝入ってはこないけど、見て笑っていてくれていたよね〟ということが、子どもの中でその遊びが続いていくきっかけだったのかなって…。

保育せんせいのコラム

子どもを見るまなざしポイント

その気になると力が出る

３歳児の子どもたちは、その気になるとすごい力を出します。

＊片付けも楽しくなっちゃう

たとえば、「片付けよう」と言っても「？？？」な子どもも、それまで遊んでいたごっこ遊びの続きで「お母さん大変、冷蔵庫に入れておかないと食べ物がくさっちゃいますよ」「あーこれじゃぁ泥棒が入ったおうちみたいですねぇ」などと言いながら片付けをはじめると、いっしょにはりきってやりだします。そんなふうに楽しくやれると、いっしょにやれたうれしさと「きれいになってよかったねー」という満足感を味わい、いい気持ちで人とのつながりも感じながら片付けることができるのです。

＊だいじょうぶ〜元気出せるよ

また、多摩動物園に行ったときのことです。次の動物を見に行こうとしたのですが子どもたちの足取りが重く、保育者が「もう少しだよ」などと声をかけても「疲れた〜」と子どもたち。このままでは、目的の場所までたどり着くかどうか、といった様子でした。

そこで子どもたちを集めて、「みんな疲れちゃったの？　そうか、先生はみんなと次の動物も見たいなって思っていたのだけど、みんなが疲れてしまってこのままだとお弁当の時間になっちゃって、次の動物は見れなくなっちゃうかもしれないんだ」と話すと、「いやだ！　次のも見たいよ！」「見たい！」「見たい！」と子どもたち。「先生も見たいなぁ。じゃぁさ、ちょっと疲れちゃってると思うけれど、みんなが力を出して歩かないと着かないんだよね。この動物園広いからね。まだ坂を登って降りないといけないけれど、力出せるかな？」「うん、だいじょうぶ！　元気出せるよ！」「だいじょーぶー！」と子どもたち。

そのあとは、目的の動物まで見違えるように力を出して歩ききったのでした。

「ねえねえ」

3歳児ならではの認識とつながり方

小島 ままごとをしている3歳児の子どもたちは、一見会話がかみ合っているように見えるけど、実はそうではないことも多い。男の子三人が粘土をしていて、いずみ君が「きなこもちって、おいしいよね」って話をした。冬まつり（十二月に行う園の行事）の後だったから、ああ、そこで食べたきなこもちを思い出したんだと私は思った。けん君が「うん、きなこがついているやつでしょ」って言うの。普通の会話だなあと思って、よくよく聞いていると、いずみ君は、おじいちゃんが作ってくれた「きなこぼう」のことを言っていたの。私はお母さんからそのきなこぼうをもらったことがあるからすぐわかったけど、「きなこもち」と「きなこぼう」でまったく違うものなのに二人

「おいしくできたよー」

は普通に会話していた。話が進んでくれば、本当はかみ合わなくなるはずなのに、共通の話題になって盛り上がっている。そのときも3歳児っておもしろいって思った。それを聞いていたもう一人の車好きのよし君は「うん、プリウス（自動車の車種）ってガソリンをたべるんだよ」と（たべもの話題の）会話に参加する。三人の会話の流れで「かまきりはにくしょく（肉食）だよね」と話が展開して、「へぇー」と感心していたら「カ（蚊）はなにしょく？」ってことになった。「ちをすうからにくしょくじゃない」「うんそうだね」でその会話は終わった。話の展開がその時その時なのに、それについて真剣に話していて、それがとってもおもしろいと思った。

3歳児って言葉はつたないけど、その限りある言葉を駆使して、けっこう深いやり取りができるってことだね。

保志

木工作　ふねづくり

小島　木工作で車を作ったとき、信号が欲しいということになって、子どもたちが作れるような形を考えて、作りたい人が作っていったの。信号の色についてあえて私は何にも言わなかったら、一人がピンクと紫だった。それでも誰も何にも言わない。ふつうに信号として遊んでいる。二つ目を作ったら今度は赤と黄色と緑で作ったの、その位置も違うんだけど誰も何も言わない。しばらく休んでいたよし君が、久しぶりに登園してきて「これ違う」と言って色を塗ったんだけど、それは本当の信号と同じだった。その全然違う三つの信号で、子どもたちは楽しそうに普通に車で遊んでいる。何が正しいとかではなく、自分たちが作ったもので遊ぶのがうれしい、楽しい、満足するという時代。いずれ散歩とかで、信号のことは経験的に学んでいけばいいかなと思っている。今はその「楽しさ」を認めてあ

「どんなくるまにしようかな〜」

木工作　くるまづくり

げたい。

保志　5歳児なら「それ、ちがうよ」と誰かが指摘して、直すことになるだろうし、指摘するだけじゃなく、本当はどうなんだろうって、行動に移す子どもも出てくると思う。3歳児の子どもの世界が、子どものものとして豊かであるほど、そういう能動的な学びにつながっていく可能性があると思う。

室橋　3歳児の子どもは絵を描くことが大好き。自分たちでどんどん描いてきて、それを私のところに持ってくる。私は勝手にその絵を使って紙芝居のようにお話を作っちゃう。「それからどうなるの?」なんてその子に聞いたりする。子どもたちはお話しも大好きだから、またやってほしいって言ってくる。だから、お弁当の時間もおしゃべりして、子どもの絵を思い出しながら、お話の続きを作っていく。それがとても楽しいみたい。

私　「ここで誰かとぶつかったのかなぁ…」

R君「…Sちゃん…」

誰とぶつかったのかその場所に来て思い出したようです。

私　「Sちゃん？　そうか、じゃぁSちゃんにも聞いてみようか…Sちゃーん！」

近くにいた子どもも「どうしたの？」と集まって来て何に困っているのかいっしょに考えてくれました。Sちゃんのことも呼んできてくれました。

私　「Sちゃん、R君と何かあったのかなぁ。覚えてる？」

Sちゃん「……」

私　「R君のここが痛くなったっていうんだけど、どうしてか知らない？」

Sちゃん「……」

私　「そうか、わからないか、困ったねぇ……」

と話していると、同じクラスのKちゃんが来て、

Kちゃん「知ってるよ、あのね、手つなぎたかったんだよ」

と教えてくれました。そこでいっしょに考えてくれていた子どもたちも私もR君もみんなで顔を見合わせて「あーそうだったんだぁ～」

私　「R君、Sちゃんと手をつなぎたかったの？」

Rくん（にっこり）

私　「Sちゃんはそれがイヤだったのかなぁ……それで、R君にイヤだよって（手をふりはらって）痛いことになっちゃったのかなぁ」

と話していると、SちゃんがR君に手を差しのべてくれました。

私　「あれ？　Sちゃん手つないでくれるの？」

また、みんなでにっこり。「よかったね～」。R君とSちゃんが手をつなぎ、もう片方の手は他の子どもがつなぎ、みんな笑顔で走っていきました。

子どもの気持ちがわかったら、どうしようかと一緒に考え、励ますようにかかわっていると子どもたちのこんな姿にも出会い、大人も心があたたかくなります。

子どもを見るまなざしポイント

子どもの気持をわかりたい

困った顔をしている子どもがいたら「どうしたの？」と聞いてみてください。大人がパッと見て想像したこととは違う返事が返ってきたり、思ってもいなかったことがわかることもあります。

ある日のこと、職員室の窓に「ここが痛い……」と言いにきたR君。見てみると大きなケガもなく、傷もありませんでした。

私　「ここが痛いの？」
R君「うん……」
私　「そうか～、どうして痛くなっちゃったんだろうね……」
R君「……」
私　「痛いところは、大丈夫そうだけど、しばらくしても痛かったらまた来てね」
　　と言うと園庭に戻って行こうとしたのですが、すぐに戻ってきて、困った顔をしています。
私　「どうしたの？　やっぱり痛いのかなぁ」
R君「……」首を振り困った様子
　　私に求めてきたのは痛さを取り除いてほしいというよりも、痛くなったところに関わっての何かを聞いてほしいようでした。
私　「誰かとぶつかって痛くなったのかなぁ」
R君「……」
私　「じゃぁ、痛くなったところ（場所）へ行ってみようか」
R君「うん」
　　R君とその場所へ行ってみました。

「こっちおいでー」

とりで

保志 私が3歳児を担任したとき、園庭にある土管に乗って、「さあロケットに乗って発射、どこについた?」とか言っていろんなところに到着してた。また戻ってくると、また発射してどこかに行って、同じことを何回も繰り返して遊ぶのが大好きだった。

3歳児が『地図』を大好きなわけ

室橋 今年の3歳児は「とりで（園庭にお父さんたちが作ってくれた大型遊具）」が海賊船になってる。私が子どもを魚のように引っ張り（釣り）上げて、「あっ、また魚が逃げていった」とかいうと「またつりあげて」って。そんなことを繰り返してると、地図を持ってくる子がいて、「何の地図?」って聞くと、「宝の地図」って言う。子どもって、地図が好きだよね。しかも何書いても、どんなも

「しゅっぱーつ!!」

のでも地図になるところがおもしろい。きっかけは、夏まつり（園の行事）の案内図だった。どこに何のコーナーがあるか書いてあるじゃない？ あの時期から、そういうものに興味を持ったように思う。案内図を宝物のように持ち歩いてた（笑）。自分でアレンジして、その案内図に宝物の場所が書いてある。

保志 宝探しの冒険をするときの子どもって真剣だから、こっちも真剣になって「このあたりに行くにはどうしたらいいですか？」とか聞いて、その世界に入ってあげるともっと張り切っていくんだよね。

小島 うちのクラスの地図は〝おばけたいじ〟の地図だった。私が「おばけ怖いんですけど…」というと「だいじょうぶです、ぼくがまもります」って言ってくれる子どももいた。そのときに、紙工作で作ったバックを必ず持って行く。この前まで電車のチケット入れだったのに、おばけ

「うまいビールだなー」

「そうだなー」

「よっぱらっちゃった〜」

「おれも〜」

退治のアイテムになっていて、バッグを提げて手には地図を持っている。この柔軟性もまたおもしろい。また、その世界には誰でも入れる。いつ入っても、いつ抜けてもあまり支障がでない。それでもあそびが続いていくのがおもしろいな〜と。

保志　4歳児くらいになると、3歳児のようにすべてなりきるというふうにいかなくなる。恥ずかしさもあるし、まわりの子どもからも色々言われるようになる。また、誰でもいいというのでなく、気の合う仲間との世界になってくる。誰とでも、何でもというのは今だけかもしれない。

「はだしであそぶのきもちいいねー」

「もっとほってー！」

2 3歳児の社会性 ～話し合いをめぐって～

子どもたちが幼稚園で生活していると、家庭では体験できない、様々な他者とのつながりが生まれていきます。それは子どもが人間らしさを獲得していくうえで大切な社会性を身につけていくことです。話は、子どもたちの中に社会性を育てていく土台となる部分に進んでいきました。

室橋　子どもたちは成長するにつれ、関係性が強まって、だんだん入ってほしい人、ほしくない人、抜けられると困る人などがでてくる。まいちゃんが、友だちに

「いらっしゃいませ〜」　「ケーキやさんで〜す!」

「いっしょに遊びたくない」って言われたことで悲しくなって、話し合いになったことがあった。クラスの子が「まいちゃん、あそばないっていわれたことが、かなしかったの?」と聞いたとき、まいちゃんはうまく理由を言えなかったから、私が「そうなんだって、考えちゃったみたいだよ」と話した。そういうことをすぐ言ってしまう側のゆみちゃんが「ゆみちゃんも、いわれたら、かなしい」と言っていたのもおかしかった。

3歳児の話し合いの特徴

保志　そうなんだよね、他の子のことはとても真剣に心配するけれど、自分のやったことはあまり自覚していない。自己と他者がまだ未分化なのが3歳児だね。

室橋　だから私も「じゃあ、そういうことを言っちゃったことある人いる?」って聞

「ありんこみつけたー」

「かくれてるの」

「ないしょだよ」

いたら、そんなこと普段あまり言うはずのない、なつ君が「ぼく、いっちゃった」って手をあげた。なつ君が言うはずはないと思ったけど、私も「そうなんだ」とうなずいて、「そのときどんな気持ちだった？」と聞くと、「ちょっとやだった」って言うので、（ああ、まだこういう認識なんだ）と思った。でも「そんなふうに考えられるなつ君はすごいね」って言ったの。そうしたらみんな安心したのか、私も！　ぼくも！　って手を上げ始めて、「何だ、けっきょくみんな褒められたいんだ。（笑）」その後、「これからはどうする？」って聞いたら「もう、いわない」ってことで、この話は終わり。

この時期の話し合いって、その程度のこと。でも、こういう些細なことも教師が取り上げて子どもたちの中に返すことで、子どもたちは驚くほど真剣に話し

ざりがに、さわってみたいけど…「ちょっとこわい〜」

保志 合う。その役割が大切だと思う。そういうことが3歳児なりにどうわかるんだろう。子どもがどこで「ああ、そうか」と納得したり、反対に「そうか」とはならずわからなかったり、大人が関わってあげることで見えてくることがある。「いやだ」と思うのはここなんだ、今わかるのはここまでなんだとか。そしてここだけは子どもに返すとか。大事なのは「子どもをわかろうとする」こちらの気持ちだと思う。

室橋 三学期のある朝、とおる君がみんなで遊んでいた積み木を壊して、バラバラにしてしまった。周りにいた子が「まえにもいったのに、なんでまたやるの」「そんなことしたら、みんなとあそべないよ」って怒ったのね。そうしたらその日の帰りの会で、とおる君が「みんなが、あさ、こわく（怖く）いったのがイヤだった」とみんなの前で発言した。3

はさみ、チョッキン!!「おかねもち〜!」

歳児の彼の中で、朝のことが帰りの会までつながっていることが私にとって驚きだった。

3歳児もこの時期になると、少しずつ意識がつながっていることがわかった。「何でやなの?」と聞くと「つよくいったから」と言う。そういうことなんだ。中身というよりは言い方の問題なんだ。

「優しく言ってほしいってこと?」

「うん」

「じゃあ、みんなどうする?」

「うん。こんどから、やさしくいう」

えー?‌?‌? 本当は積み木を崩したのはとおる君なのに、みんなの言い方の問題に話しが変わっている。これもまた3歳児だなって思った。5歳児だったら「おまえがつみきをこわしたからだろう」って、誰かが発言して、つめられるよね。注意したほうが、悪いみたいな感じになっているのがおもしろい。

＊９月のある日のこと、つかまえたトンボをめぐって

２学期が始まって、園庭の芝生の上をトンボがたくさんとんでいました。

先生と子どもたちとでトンボを捕まえて遊んでいました。

捕まえたトンボは虫かごの中に…。しばらくはみんなでそのトンボを見ていたのですが、みんな違う遊びに移っていきました。

虫かごに入れられたトンボがブルルルと羽をならしていました。

その羽根の音を聞いてふと私が「あれ？　トンボがブルルってなんだか外をとびたいって言ってるみたい」とつぶやくと、近くにいたＡちゃんが「外をとびたいんじゃない？　にがしてあげようよ」と言いだしました。でも、他の子どもの中には「やだ！　にがしたくない～！」と言う子どもも。

「じゃあ、Ｍ先生にも相談しよう」ということになり、Ｍ先生の所へ…。それを聞いたＭ先生は、クラスのみんなにも意見を聞いてみようということで、クラスのみんなに話してみました。「虫かごの中にずっと入れておくと死んじゃうかもしれないね」「（死んじゃうのはいやだけど）にがしたくない……」「いなくなっちゃうのイヤだ」「どうしようか……」「……」しばらく沈黙が続きましたが、誰かが「にがしても明日も（このトンボが）遊びに来てくれるんじゃない？！」と言うと、急に子どもたちの表情が明るくなり、「うん、うん」。この言葉にみんなの気持ちが一致！

「そうだねー、また明日きっと遊びにくるね！」

にがしたくないと言っていた子どもも納得。虫かごを開けてにがすことになりました。「明日も来てね～」と、みんなで空高く飛び立ったトンボに何度も手をふっていました。

子どもたちの思い、見えている世界に触れると、大人から見えるものも変わってきますね。

子どもを見るまなざしポイント

子どもから見えている世界

３歳児の子どもたちは、いつでも真剣です。子どもたちには、どんな世界が見えているのでしょうか。子どもには今この時感じていること、見えていることをたっぷりと楽しんでほしいです。

ミミズがくねくね動くこと、アリが食べ物を運ぶこと、穴から出たり入ったりするところ、ダンゴムシがまるまるところ、カマキリがバッタを食べるところ……子どもたちはこんな様子を時々突っついてみたりしながら、ずっと見ています。子どもたちの周りにはおもしろいことがいっぱいです。

＊子どもたちのつぶやき…

夏セミの声を聴いていると
Ｔ君「歌うたっているんじゃない？」
Ｒ君「ケンカしているんだよ」
Ｄ君「ママにあいたいって、ないているんだよ」

「こっちのほうにバッタがいたよ。先生来て…こんなに大きいバッタ。バタバターってとんでいたよ。こんなふうに」と実演までしてくれたＯ君。Ｏ君は、普段は自分からあまり話してこないのですが、このときは生き生きと話してきました。

ススキが大人の背よりも高く伸びていました。「花火みたいだよ」とＹ君。「シャワーみたい」とＴ君。

手をつないで歩きながら「おそろいなのー」とＭちゃん。続いてＮちゃんも「おそろいなのー」。二人の手には黄色の花が握られていました。

バスの中でどうも虫の鳴く声がすると思ったら、虫かごの中のコオロギが鳴いていました。「泣いてるねー」というと「出たいってないてるんだよ」 と一言。本当にそんな感じでした。

桃畑でピョンピョン跳ねるバッタを追いかけながら「せんせいー、ぼくにつかまってくんなーい」とＡ君。Ａ君より、バッタのスピードのほうがはるかに速かったのです。

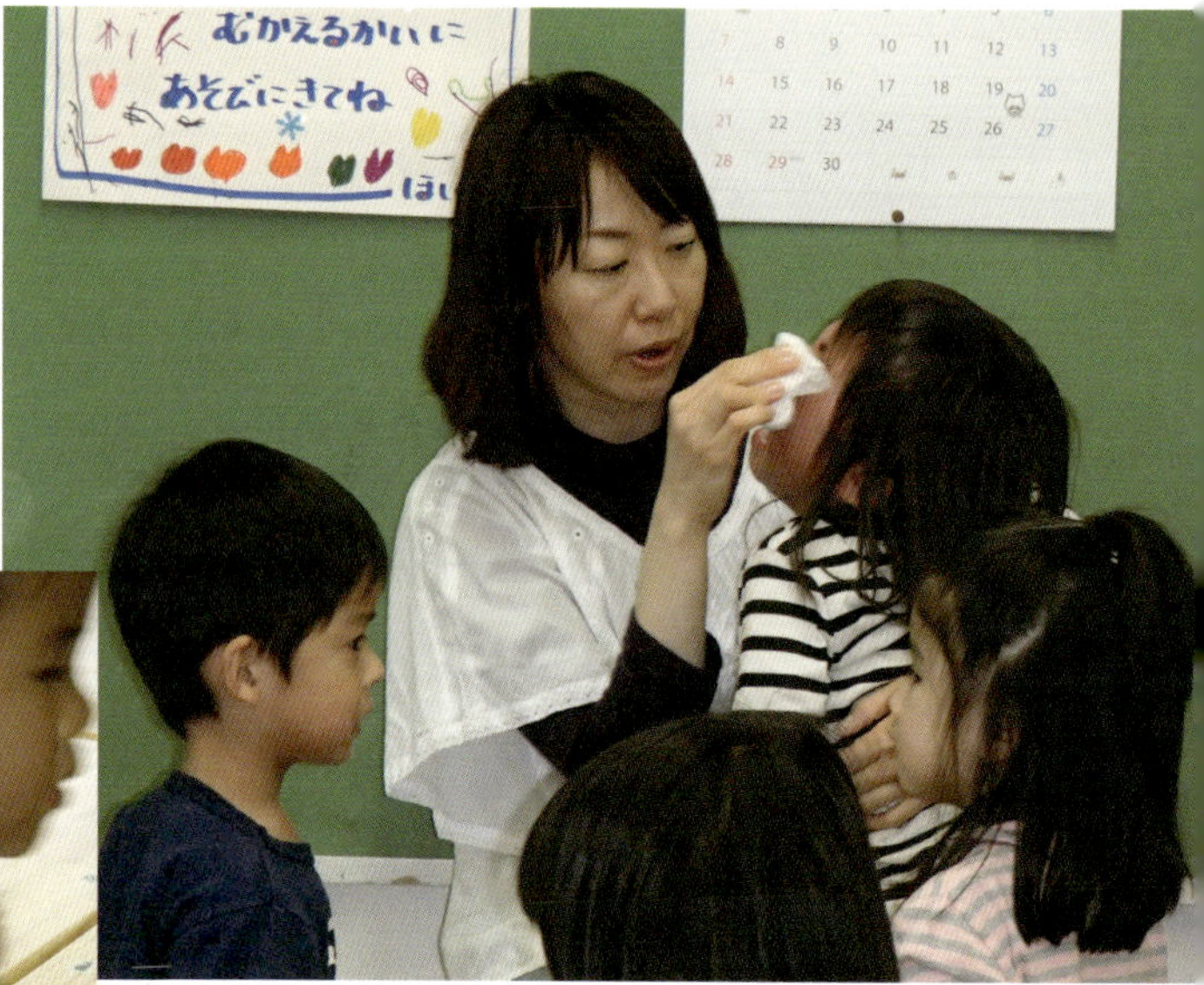

「どうしたの〜?」

考えることを おっくうがらない子にしたい

保志 子どもの会話って、そうなりがちだよね。本論から離れていってしまう。でもイヤな思いを言って、とことん話し合うのは大事だよね。それは年齢によってずいぶん違うんだけど、教師が適度に関わりながら、この子たちはどこまで話すのかなって見ていくことが大事。3歳の子どもでも「みんなニコニコいい気持ちでいたい」「穏やかに、平和に暮らしたい」という気持ちがある。そのためだったらイヤなことも我慢することも平気っていう子どももいる。だからこそ「そこはどうなの?」と返してあげる大人の存在が必要だね。

その時々で「みんなはどう考える?」と問うことで、3歳児でも考えることが

「だいじょうぶだよ」　「よしよし」

当たり前、おっくうではない子どもたちにしたい。だからとおる君が発言できたことはいいことなんだけど、それを子どもに任せておくと、こういう本論からのずれが起きて、積み木を壊された子どもの気持ちが取り残されてしまう。そこが大人の出番だと思う。

室橋　こうた君とさとし君とのことにもつながるところがある。一〜二学期、よくさとし君がこうた君を押すことが続いていて、それはつながりたいという思いから出た行為で、私の判断ではそれほど乱暴な行為ではないと思い、見守っていたんだけど、こうた君は自分のイヤな思いを私にわかるようになかなか伝えられずに、悩んでいたことが後になってわかったのね。

　こうた君が、このたまったイヤな気持ちをお母さんに吐き出したことで、お母さんのことも不安にさせてしまった。

保志　お母さんたちと話をしていても、よく

「ねぇ、せんせい♥」　「なぁに?」

「見守りましょう」っていうけど、「見守る」ってどういうことか、そこをいっしょに考えたい。ただ見ていることとは違う。3歳の子どもの「今」ってどうなのか。こういう子どもの関係や認識の仕方をよく見ていると「ああ、そう捉えているんだ」と気づくことがある。そして、大人も思ったことは、子どもにしっかり話をしたほうがいいと思う。「見守る」っていっても、それは一人ひとり違う。すごく真剣な子がいると思えば、そうでもない子が、いい感じで関わっている。イヤだなという思いも子どもによってさまざま。イヤだと言われて耐えられない子もいるし、争いがきらいだから我慢する子もいる。

子どもはそれぞれでいいとするのか、そこに大人が関わって、「わかり合う」関係を育てていくのか。「見守る」とはそういうこと。こうた君のように3歳児

これから
苗をうえるよ〜

おにぎり
だいすき！

みんなでそだてた、だいこんだよ♪

みんなでたべると
おいしいね♪

くらいから子どもは認識の仕方の幅も広がるし、経験の仕方も感じ方も違ってくる。納得できない子どもの気持ちって必ずあるので、つなげなくちゃね。

室橋　そうそう、こうた君がはじめる遊びが楽しいから、のってきていっしょに遊びたいんだけど、こうた君が時々強く言うこともあって、最近は〝そう仕切られるのがイヤだなあ〟という、ほかの子の気持ちも生まれてきている。

保志　ズルをしてじゃんけんに勝ったりする子もいるよね。3歳だとけっこうそれで通ってしまう場面はあるけど、そのうちそうしたことがみんなから認められなくなったとき、その子をどのように受け止めるか。お母さんも揺れるところだよね。

保志せんせいのコラム

子どもを見るまなざしポイント

自分の頭で考えることが当たり前、考えることがおっくうでない子どもになってほしい

子どもたちが真剣に悩んだとき、子どもたち自身の言葉でその気持ちを表現して、人と共有して考える体験をしてほしいと思っています。大人が子ども同士をつなぎながら、子どもたちの目線で話をする、気持ちを伝え合うことを大事にしたいです。大人の思う答えを子どもに言わせようとする話し合いではなく、子どもの内面にある思いを引き出すような話し合いができたらと思っています。子どもが「あっそうか」と納得するのは、大人の思っている所と違うこともたくさんあります。

子どもは、どんな自分も受け入れてもらえるという安心感を持って、思いきり自分を表現できてこそ次の自分をつくっていけるのだと思います。

自分の頭で考えるということは、自分との対話です。子どもが自分だけの生きた言葉を使って成長してほしい。だからこそ自分と向き合うことをおっくうがらず、子どもたちには、自分はどうかを大事にしてほしいと思います。

3歳児の「自分の頭で考える」

大人が厳しく伝えようとしすぎると、大人が「怖い」から言うことを聞くだけで、子どもは自分の頭で考えなくなってしまうと思います。

子どもにとって大人は絶対的な存在、大人がいなくては生きていけないのですから、力で抑えようと思えば抑えられるのが幼児期です。

子どもたちは、大人が「こわくいう」のがキライです。大人とにっこり笑顔で、いい気持ちでいたいのです。3歳児の子どもたちに大人が「こわくいう」ことは、ほとんど必要がないと思います。大人が子どものやっていることに困ったら、困った気持ちをそのまま伝えるほうが子どもには伝わります。

困った気持ちが伝わるように、たとえば、泣きまねをして伝えてみてください。子どもたちは、あれ？　どうしよう……あんなに困ってる、泣いてる……自分はどうしたらいいのだろう？　と自分の身に迫って感じ、自分の取るべき行動を考えなくちゃと自分の頭を働かせます。

「てんとうむしだー!」

3歳児なりの「まっすぐな思い」

室橋　その子はちっとも悪くないし、それを責める子どもも悪くないのに、どうしてもそのちょっとズルしたり、強くものを言ったりする姿をお母さんは否定的に捉えてしまうのね。

　花組最後の日の朝の遊びの時間に、こうた君が私に「むろはしせんせい、はなしがちがうよ」って、いきなり言ってきたの。朝の事だから、この日の朝来てから今までのことで、こうた君にとって納得できないことがあったのかなと思ったり、三学期になってからの長い年月の中の出来事なのかわからなくて、よく聞くと、机の下にだいき君がもぐって遊んでいたのに、私が何も言わなかったことを指していたのね。以前、「机の下で遊ぶと危ないよ」ってみんなに声をかけて指

「からすのえんどうだよ」

導したことがあって、それをこうた君はよく覚えていて、何でだいき君には何も言わないのかと疑問だったのね。

私は他のことに関わっていて、そのことを見ていなかった。だからその直後の朝の会（あつまり）で、すぐにみんなに「先生は気付かなかったんだけど、だいき君が机の下にもぐって遊んでいたのを見た人いる？」って聞くと、数人見ていた子どもがいた。私が「見てた人の中で『危ないよ』って言ってくれた人はいたかな？」って言ったら、数人が声を掛けてくれたことを教えてくれた。すると、ちょっとはにかんで、だいき君も悪かったなって顔をした。

３歳児でも子どもって、納得できないものをはっきりさせたいというまっすぐな思いを持っている。そして友だちに危ないよって働きかける力も育っている。バツの悪い顔から「ごめんね」を感じる。

「ここがいたかったの？」

子どもの思いを否定的にみないで まずは受け止めて

保志 ごまかしたりしていることは、全然悪くないし、むしろ3歳児では「ああ、ここまで成長してきたんだ」と思えることだね。4歳児の担任をしていたとき、「じゃんけんれっしゃ」を子どもたちが好きで、一年を通してほとんど毎日やっていたことがあるんだ。一年の中では、いろんな子がズルしたり、イヤな思いをしたり、最後まで残れなくてふてくされてしまったり、本当に入れ替わり立ち代り時期を変えて、いろんな子どもに何かが起きた。

「あー他の子どもはどうするのかなあ、このズルしたことをどう見破るのかなあ」などと見守りながら私はピアノを弾いていた。こういうときには必ず誰か

♪ かーらす、かずのこ、にしんのこ

が気づくもの。ふとつぶやいている子どもがいたので「えっ、○○ちゃんどうしたの？　何かあったの？　それはみんなに言ったほうがいいと思うよ」と……私が言うんじゃなくて、子どもの声を拾って「うん、そうなの、じゃあどうしようか？」とみんなの話題に広げてあげる。

ズルすることも、最後まで残りたいと思うことも、イヤだなと思うことも、今みんなそんな時なんだと大人はわかってあげること。子どもの思いを否定しないで、まずは受け止め、でも、そのままにしないで、子どもに返すことが大事だと思う。

保志もんせいのコラム

子どもを見るまなざしポイント

子どもの思いがどんなものでも、まずは受け止めて

３歳児の子どもにとって、友だちとぶつかり合うこと、失敗することなど、ほとんどすべてが初めての体験です。大人からすれば「どうして？」と思われることにも必ずその子にとって何か理由があります。どんな気持ちだったのか、どうしたかったのか、何に困ったのか、何を伝えたかったのか、子どもは体で感じています。それを３歳児のその子自身の言葉にして表現してきたら、それはその子の本物の言葉。どんな思いだろうと、まずは、受け止めたいですね。大人は、子どもの言った言葉そのものだけでなく、子どもの表情や身ぶり、その場の状況を含めて子どもの思いを想像し、とらえることが大事です。

「あーそうか、そう思ったんだ」と大人が受け止めたことを子どもにしっかりと伝えることで、子どもは安心します。正直な自分の気持ちを子どもが安心して出し、子ども自身が自分と向き合ってこそ、その先のことを考えることができるのです。

子どもは大人の本気がわかる

子どもは、本気で大人が自分と向かい合ってくれているのかを感じ取る力があります。３歳児の子どもたちは、特にそれを体で感じ取って行動や表情でその本気に応えてくれます。反対に本気でないことも、子どもは感じ取ります。子どもが聞いたことに大人が生返事で応えると、ちゃんと向き合ってくれていないことを感じ取り、何度でも同じことを聞いてきます。同じ「うん」という言葉でも、自分に向き合ってくれていれば納得でき、適当なら納得できないのです。子どもが何度も「ねぇ……」と言ってくるときは、大人が我が身を振り返ってみることが大事だと思います。子どもが人の思いを感じ取るのは、皮膚感覚なのかもしれません。

「せんせい〜まって〜」

3歳児と言葉
〜つながりはじめる子どもたち〜

3歳児の子どもたちも「話し合い」を積み重ねていくことで、3歳児の子どもたちからも他者が見え始めてきます。そこで起こる様々な出来事で、親たちの子育ての上での「揺れ」も始まります。子どもたちの中に起こったことをどう見るのか、どのように子どもを受け止めればいいのか、てい談が続きます。

室橋　3歳くらいの子どもって「ズルい」って言わないねっていうことが話題になった。そうしたら最近子どもが「ズルい」って言うから、「あっ、ズルいって思うんだ」と。もともと子どもの中には、ズルいという意識はないのかなあ。おやつ配って

「いいおうちですね〜」

「こぶたのおうちだよ」

「どこにいきいますかー？」

も、「ズルい」って言わないで、「待ってね」と言えば、じっと自分の番を平気で待っている。

小島　「ズルい」って、誰かが使うと広がりだす感じがあるかもね。３歳児から４歳児に向かうときって、意味はあまりわからなくても難しい言葉を使いたがることがある。

　みち君が、見せたいものの時間のとき（発表の時間）、ちょっと話しが止まったの。そのときるいちゃんが「きんちょうしているんじゃない」と言った。その言葉が流行ったりした。

　他にも、みち君がその日、オレンジのトレーナーと明るい青の、何か、みち君にしては珍しい服の組み合わせだったの。それで前へ出てきたので、かずき君が「みち、しぶいな」って言ったのね。「しぶい」って感じとは全然違うんだけど、かずき君にとっては、その珍しい色の組

「うんとこしょ、どっこいしょ」

み合わせが言いたかったのね。私も同じ思いがあったので、すごく通じ合っておもしろかったし、おかしかった。

これからも、こんなふうに意味は多少違っても、どんどん言葉が広がっていくんだろうなと思う。

「いっしょだね」がうれしい3歳児

小島 「つながっている」ってことでは『こぎつねコンチのにわそうじ』っていう紙芝居があるんだけど、それに栗を拾う場面が出てきて、そこからくりごはんを食べたことがあるかが話題になっていったの。かずき君が「あるある」って言って、あきちゃんも「ある」って言いながら、すごい席が離れているのに「かずき、いっしょだね」ってあきちゃんがすごくうれしそうに言ったの。

室橋 「いっしょだね」はうちのクラスでも名

♪ あくしゅーでこんにちは

前を呼ぶときに出てくる。こうた君がまりちゃんのまねをするのね。そのときに「まりちゃんいっしょだね」って言う。

小島　なぎさちゃんは今、福岡なぎさと福山かずきの福がいっしょなのがうれしいらしい。「なんか、ふくがいっしょなんだけど」って。「ふくやまなぎさちゃんって呼んであげようか」というと「ヤダー」って笑う。

室橋　そんなささいなことでも、ちょっと言ってあげるとうれしくなっちゃう。お弁当の中身でも「ブロッコリー、いっしょだね」「トマトはいってて、いっしょだね」って言う。

小島　そうやって「いっしょ」がうれしいという思いが育っていくんだと思った。二学期に入って、絵にも友だちが出てくるようになってきた。

室橋　そうそう、今は友だちのことを描くのが好きだよね。

「にんにん」　「にんじゃだぞー」

小島　みち君は「ありがとう、（ぼくのこと）描いてくれて」とか言うの。

保志　この時期の子どもはよく言うね。「Tシャツがいっしょだね」とか。子どもが周りの大人と関わりたいときなんかに、「いっしょー」とか言いに来るね。「いっしょだね」という言葉は、すごく近い関係を感じられる。

室橋　「いっしょだね」でつながることがうれしい。だからいっしょを生み出すためにまねしたりする。「ガオー」って言ったら「ガオー」って返す。そのあと「いっしょだね」。
　ただ、いっしょの相手を限定する傾向もあって「だれだれといっしょ」とか言って、崇（あが）めるところもあるので、そのあたりは見過ごさないように気を付けている。

保志　そう、だから「いっしょだね」も微妙で「いっしょじゃないとだめ」ってなって

「あっちにまぐろがいる〜」

いくから、一方では気にかけていかないと……。

「こんにちはー」

保志せんせいのコラム

子どもを見るまなざしポイント

子どもは「いっしょだね」でつながっていくけれど

誰かとおそろいの服だったり、同じようにできたりすると「いっしょだね」とうれしくなるのが、3歳児の子どもたちです。いっしょの者同士でニコニコつながることはいいことなのですが、それがだんだんにいっしょじゃないと入れてあげない！ということにもなってしまうこともあります。「男しかだめ～」「女しかだめ～」 など、他を排除するようなことにもつながってしまうのです。

3歳児の場合、意識的に誰かを仲間外れにしようと思って「○○の人だけね」と言い出すことはほとんどありません。そんなつもりではなく、「いっしょだね」という仲間とそのうれしさを味わいたくて「いっしょ」の者同士でかたまろうとするのですが……。

ですから、「いっしょだね。うれしいね」ということと同時に「いっしょじゃなくてもいいんだよ」ということも意識的に話していくことも大事です。たとえば、「赤がいい人～？」と子どもたちが盛り上がっていたら、「赤も好きだけど、先生は黄色にしよう！」と言ってみたり、「男しかだめ～」と言っていたら「あー先生女だから入れてくれないのか～、じゃあ、あっちで遊ぼうかな～」と言うように……。そうすると子どもが、違う視点から考えるきっかけになったり、「自分たちが言ったことはそういうことなの？」と気づくことにつながったりもします。

「ゆすらうめだー」

3歳児の友だち理解

小島　ひろかず君が友だちとつながりたくて、けん君にちょっかいを出したりするの。帰りの支度でみんなに自分の上着をかぶせたりして、自分の準備が遅れていく。それをけん君は見ていて、いらいらしている。どうしてそんなことをするのか理解できないみたい…。けん君なりに言っているんだけど、伝わっていない。これからどういう関わり方になっていくのかな。

室橋　そう、理由のわからないことをしている人への理解が、3歳では難しい。ちょっとおもしろいからやっていることなのに、それがゆるしがたい子もいる。

小島　ひろかず君のお母さんは、そのことを心配している。「あ〜やっぱり」と。最近ひなのちゃんとさきちゃのケンカがすご

「ふじさん、みにいこうー！」（小山田緑地）

い。叩きあって。でもひなのちゃんがそういうことができるようになったことがうれしい。一学期はあんなに緊張して、暗い顔して我慢していたのに。お母さんは長女のときの経験で子ども同士のトラブルについて気になっていたようだけど。親和会（毎月開かれる学級懇談会）ではこうしたことがとても大事だと話した。

室橋 こういったときの子どもへの見方が大事だから、私もずっとそのような話題をお母さんたちとは話し続けている。

小島 子ども同士の関係って、楽しい、うれしいだけの関係だけではなく、思いが通じなかったり、イヤだなと思ったり、困ったり…その両方の中で子どもは育つのだと思う。そういうところから、友だちの気持ちがわかったり、自分とは違う気持ちがあるんだと知ったりできる。

室橋 でも、お母さんたちも実際にわが子の身に起こらないと実感がわかないところも

「すごい、こおってるー！」（小山田緑地）

ある。何回も話しをしているけれど、なかなか難しい。だから、わが子が幼稚園を卒業した父母が、祖父母になってきて話してくれたり、「おむすびの会」（次ページ参照）のような3歳、4歳、5歳のそれぞれの親が参加している会での話し合いもとても大事だ。

　その会に参加した大川さんは今色々と考えていて「大人が思うようには答えがはっきり出ないのが子どもの今なんですね」ってクラスの懇談会で話してくれる。親はすっきりしたいと願っているけど、子育てを重ねていくと、すっきりしたっていう実感は、あまりないなって思うの。すっきりまとまる子育てって聞いたことがない。子どもが育つって、一人ひとり違うし、3歳児でも、毎年子どもが違えば起こることも違ってくる。だから親たちと懇談会などで、子どもの今を話し合い続けることが大切だと思う。

保志

保護者といっしょに

和光鶴川幼稚園副園長　保志 史子

「おむすびの会」で大切にしていること

お母さんたちに「自分っていいな」と自分で思える自分に気付いてほしい。
そして「子どもって（我が子って）いいな」と子育てを楽しんでほしい。

幼稚園では、学級懇談会のほかに父母会（和光鶴川幼稚園では親和会といいます）の学級役員会の主催で、『おむすびの会』が年に四〜六回くらいあります。学年を越えて親同士が交流する座談会です。園長・副園長も参加します。親の参加は自由です。お茶やお菓子も食べながら、リラックスした雰囲気の中で、話し合いができるようにしています。参加しても話したくなければ、他の人が話すのを聞いているだけでもいいし、話したい人は話したいだけ話してもいいのです。みんなが安心して話せるように、ここで話したことはここだけの話にして、子どもにももちろん、他に持ち出さないということを毎回確認しています。親として子育ての中で、一人で悩んでいたことをこの場で話すことで、気持ちが楽になったり、立ち止まって考えたりする機会になっています。

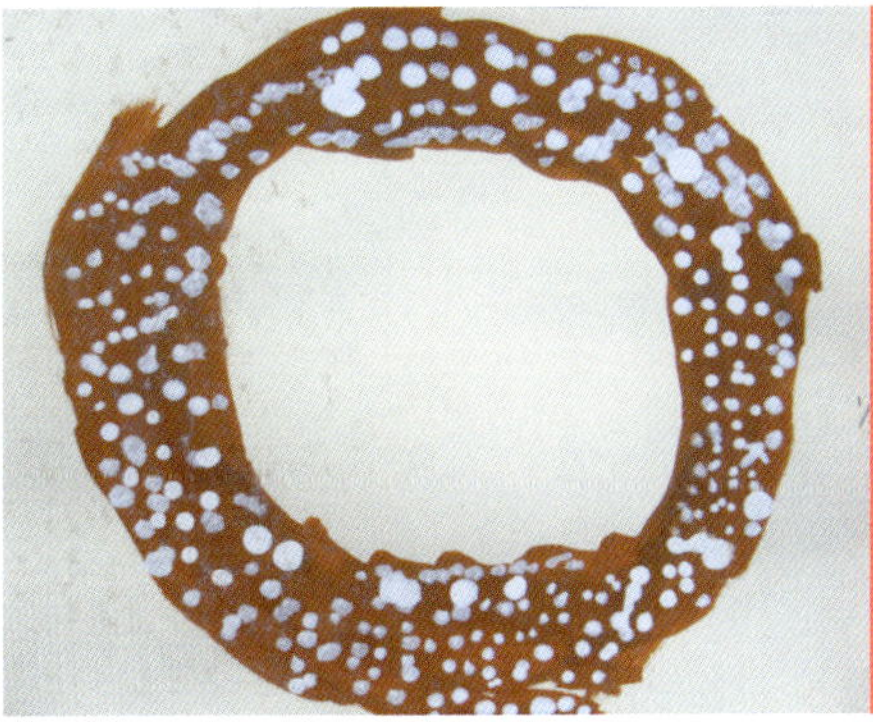
あまくておいしいふわふわドーナツ

色あそび（はじめての固形絵具）

この会の中では、テーマをあらかじめ決めて話すこともありますし、その場で話題提供があり、そのことについて話し合うことになったりします。

こんなこともありました。「降園後、親は先生と話したり、親同士で話したりしたい。子どももう少し幼稚園で遊びたかったり、親に今日描いた絵を見せたりしたいので、すぐに帰ってと言われるのは困る。でも、いつまでいてもいいよ、というのでは、子どもの遊びが切り上がらず困る」ということでした。

「子どもの遊びたい思いと親の切り上げたい思いが合わないときが困ってしまう」「普段はスクールバスなので、たまにお迎えに行くと、子どもがいろいろと幼稚園でのことを見せたがるので、そこは大事にしたい」「友だちが遊んでいると、きっぱりと（我が家は）帰りますよ、と言うのが難しいときもある」などなど、それぞれのお母さんの体験談や思いが語られました。私も話を聞きながら、なるほどと思いつつ、それならば「降園が三時だから三時四〇分位までは、余韻を楽しんだり、大人のコミュニケーションをする時間と考えて、三時四〇分位になったら、帰りの音楽を流すことにしてはどうか？」と提案しました。

教師としてもお母さんとのコミュニケーションを大事にしたい時間でもある。けれど子どもの生活リズムを考えることも大事なので、お母さんの思いと子どもの思いと教師の思いを合わせて、『音楽が鳴ったら帰る時間』という約束にすれば、みんなの納得を得られるのではないかと考えたのです。これは、お母さん方にも子どもたちにも教師にも受け入れられました。『おむすびの会』でお互いの思いを出し合ったからこそ、納得のいく約束・ルールができました。このルールは、その後ずっと続いています。

ゆきあそび

消防署に行って　「中に小さい車もはいっていたよ」

また、「どうしても、わが子にイライラしてしまう……」と話してくれるお母さんがいて、そこからいろいろなお母さんが、〝自分はこんなところでイライラする〟ということを話してくれ、交流したことがありました。

　お母さんのイライラする気持ちは、よくわかるのです。一人で子どもといたら苦しくもなる。だからこそ、こうやって人に話すことが大事だと改めて思いました。「子どもに対してマイナスな思いを持ってしまうからといって、ダメなお母さんではないと思う。思うことは、どんなことを思ってもいいと思うし、思ってしまう自分を責めることはないと思う。でも、子どもは、お母さんとは別の人間で、個性も感情も得意なことも不得意なこともあるということを忘れてはいけないと思う。そして、大人は、思ったとしても子どもに思ったことを全部出してしまわない努力は一歩立ち止まってしたほうがいいと思う。子どもを産んだら親になるけれど、親として育っていくのは子どもといっしょに、だと思う。一人では頑張れない。だからこそ、家族か、幼稚園か、周りの自分が信頼できる人か、その時々で自分が話せる人に愚痴を言ったり、相談したりしながら子育てをしていくことが大事だと思う。私自身も親として我が子への思いは、いろいろ持つし、悩みながら育ててきているので……私も同じです」と私から話しました。

　その他、「下の子が生まれて、うれしいのだけれど、大変で……」ということや、幼稚園のお弁当のこと、習い事のこと、進学のことなどなど、毎回話し始めると予定時間は二時間位なのですが、その時間では足りなくなるほどです。

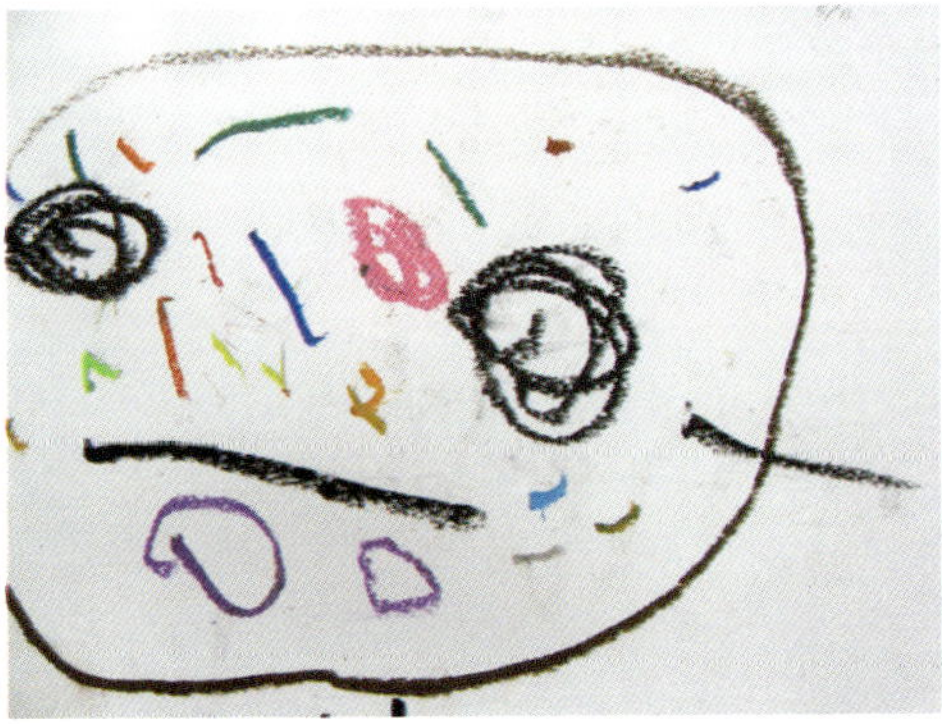

すきなえ「むろはしせんせい」

みんなでたんけん！

お母さんもありのままの自分を認めながら、子どもと共に

子どもたちに〝自分のことを自分でできるようになってほしい〟という願いは、大人から子どもへの願いです。その願いをどのように伝えたらいいのかということが子育ての中での大半の悩みなのではないでしょうか。

大人が厳しくやらせれば子どもはやるかもしれない……でも、お母さんは〝子どもに叱ってやらせてばかりいる自分は何なのだろう〟〝母親なんていやな役回りだ〟と、子育てに疲れてしまうのではないでしょうか。その結果「子育てなんて、大変なことばかり！」という気持ちが大きくなってしまうと思います。

子どもたちは、今生まれて初めてのことに出会っています。できるか・できないかで言えば、できないことばかり、でも逆に言えばできるようになっていくことばかりです。でも、今日できても明日は、いろいろな気持ちや状況の変化のなかでできないこともあります。いったりきたりしながら子どもは何かを獲得していきます。目に見えてできていることだけでなく、何かを獲得していく過程では、目に見えない力が子どもたちには日々ついていきます。合理的に成長していくなんてことはありません。

大人が、今子どもたちにこうなってほしいと願っていることの〝子どもにとっての意味〟は？　その意味を子どもがわかってやれるのか、子ども自身がやりたい、やろうという気持ちになるのはどんなときか、子どもとかみ合っているのだろうか、と不

スチレン版画

あきのえんそく「のづたでたんけんしているところ」

安になったら、大人も立ち止まって、振り返って、子どもの身になって考えてみることも大事なことだと思います。大人が正しいと思うことがそのときの子どもの正解だとは限らないと思います。

わが子の成長に関わることで、わが子と共に、もう一度お母さんも自分を生き直すことができると考えてみるのはどうでしょう。子どもたちは、大人の中で忘れそうになっていた大事なことを思い出させてくれたり、同じことでもこんな楽しさがあったのだと気づかせてくれます。私は、そんな子どもたちにいつも感謝し、子どもといるっていいなぁと思います。

子ども自身が、そうやろう、やりたい、という気持ちを持ったとき、子どもは主体的になり、自分で動き始めます。子どもがやりたくなったときを励ましたいですね。自分でやりたくてやれたときのうれしさは子どもの体からあふれてきます。その気持ちをいっしょに感じられたとき、大人もうれしくなります。

できるようになってしまうと、できて当たり前のことになり、無意識にできるようになります。それが身に付くということなのでしょう。そして、子どもはもっと外に目を向けることができるようになっていきます。ただ、身に付けたことでも、次には〝めんどくさい〟〝やりたいことがほかにあるからやりたくない〟とそんなこともでてきます。でも、それも成長……。世界を広げ始めた証拠です。

すきなえ「ぱぱ・まま…をかいたよ」

ようちえんですきになったあそび「小山田にさんぽ」

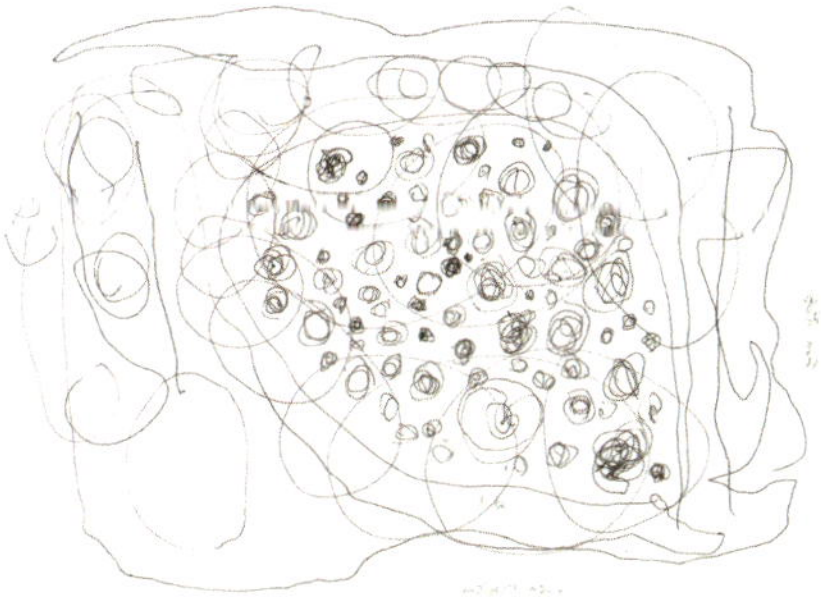

風緑の丘で種をいっぱいうえたよ

ドーナツ

あきの遠足に

評価ではなく、共感してくれる大人の存在が子どもを育てるのです。

にっこり笑ってくれる
おもしろがってくれる
「そうなのか」と聞いてくれる
どうしようかと一緒に考えてくれ、
励ましてくれる

家庭では親が、幼稚園では保育者が、そんな存在でありたいと思います。

3歳児の育ちと和光鶴川幼稚園の教育

首都大学東京　田中　浩司

田中《たなか》 浩司《こうじ》

首都大学東京　都市教養学部准教授
専門は発達心理学
ここ数年、和光鶴川幼稚園で子どもの発達相談、幼児の遊びなどに関わり、研究会での助言も行っている。

ここからは3歳児の育ちの中で大切にしたいこと、また、私なりの解釈から、和光鶴川幼稚園の先生方が大切にされていることについて、てい談をふまえながら、お話したいと思います。

心地よい記憶を積み上げる

どの親も、入園を前にすると、我が子が幼稚園でうまくやっていけるだろうかと不安を感じるものです。子どもだけでなく、親同士の関係も……。もちろん、幼稚園生活の中では様々な葛藤が生まれるし、それを乗り越えていくうえで相当な努力を要することもあります。ただそれ自体、和光鶴川幼稚園が大切にしてきたことであり、葛藤をくぐった先には親子の成長があります。

幼稚園に入園した子どもたちは、不安でいっぱいです。入園当初は、元気に登園していた子どもが、しばらくして急に、登園を渋りだすことがあります。緊張の糸が切れた、とでもいうのでしょうか。このようなとき、保護者はうろたえます。〝我が子が

おさいふ、つくったよ

ふねをつくってるんだよ

輪かざり、つくったよ

花組の子どもたちの造形

幼稚園でうまくいっていないのではないか、そういえば、同じクラスのA君がいじわるをするって言ってたっけ……〟

保護者の不安は子どもにも伝わり、

「何かイヤなことがあったの？　イヤなことがあったら言ってごらん……」

などと、イヤな記憶をよみがえらせてしまうような言葉をかけてしまうこともあります。

このようなとき、教師はふたつの観点から、子どもにアプローチしていきます。

ひとつは、優しく声を掛けたり抱きかかえたりする、いわゆる不安を受け止める関わりです。我々だって、不安なときは誰かに側にいて欲しいものです。子どもが園生活に一歩踏み出すには、不安を大人に受け止めてもらう経験は欠かせません。

ただし、教師と子どもが二人で見つめ合っているだけでは、次に進むことはできません。そこで教師は子どもが思わず入りたくなるような、素敵な活動（遊び）を仕掛けます。それがてい談で繰り返し登場する、ごっこ遊びであったり、乗り物づくりの制作活動であったりするわけです。

もちろん、入園当初から、全ての活動を楽しむことができる子どもなんていません。教師の言うことを聞きすぎる子どものほうが、心配になるくらいです。部分的であっても、このような活動に参加することで、子どもたちの中に、今日はこんな楽しいことがあったという記憶が少しずつ積み上げられていきます。

ただし、このような記憶は子ども一人で作られるわけではありません。そこにはいつも、教師や仲間がいます。ごっこ遊びをしているうちに、仲間とケンカになってしまっ

輪かざり、できた！

焼き物：自分の箸置き

た。３歳児の頃は、まだまだ口よりも先に手が出てしまう子どもが沢山います。こんなとき、教師はそこで何が起こったのか、何がイヤだったのか、子どもたちの経験を言葉にさせます。すると、子どもからは、こういう理由でケンカになったといったことが、たどたどしい言葉で語られます。それだけでなく、途中までは楽しくごっこ遊びができていたことも語られます。このように、子どもたちは経験を言葉にすることによって、イヤなこともあるけど、でもやっぱり幼稚園は楽しいといった記憶を整理していくわけです。

もうひとつは、仲間の存在に支えられるということです。

和光鶴川幼稚園の朝の会で行われている、仲間に伝えたい出来事、見せたいものを発表する「発表の時間（見せたいものの時間）」は、子どもたちが心地よい記憶を積み上げるうえで、とても大切な場になっています。

私が幼稚園に出向いた日に、前日に見つけた四つ葉のクローバーを見せてくれた女の子がいました。彼女が四つ葉のクローバーを見つけたとき、おそらくそこには保護者の方もいっしょにいたことでしょう。そして彼女がそのクローバーを袋に詰めて、大切に持って帰ろうとしたとき、心の中には和光鶴川幼稚園の仲間がいたに違いありません。

心理学者の乾孝は、自分の中に仲間の存在を意識することを「私の中の私たち」という言葉で表現しています。四つ葉のクローバーに感動した彼女の中には、「これを仲間にも伝えたい」という「私たち」が存在します。このような心の中に「私たち」が生まれることによって、子どもたちは本当の意味で、安心して幼稚園の生活を送るこ

粘土：バッタ、とんぼ

紙粘土：じぶんの顔

とができるようになるのです。

ごっこの世界を楽しむ

幼児期の中でも、3歳児はもっとも活発にごっこ遊びを楽しむ時期とされています。リズム遊びのときに教師が、「蝶になってみよう！」といえば、子どもたちは本当に蝶になった気分で走り回ります。また、絵本『オオカミと七ひきのこやぎ』を読んだ後、追いかけっこをすると、本当にオオカミに追いかけられているような気持ちになり、泣き出してしまう子も少なくありません。ごっこ遊びというと、一般的には、架空の世界を楽しむ遊びのように捉えられることが多いのですが、3歳児のごっこの世界は、ウソとホントが入り交じった、混沌とした世界にあるといえます。

このようなごっこ遊びは、実は子どもだけで展開できるものではありません。もちろん、子どもたちだけでこっそりとするごっこ遊びもおもしろいのですが、やはりその背後には、ごっこの世界を広げる教師の関わりがあります。

たとえば、新学期が始まったばかりの五月頃、教師が集会で『三びきのやぎのがらがらどん』の劇を演じて見せることがありました。子どもたちは教師が演じるヤギやトロルを楽しみながら、一方ではこの世界のどこかにトロルがいるかも知れない、もしかすると散歩先でトロルに出会うかも知れないと、ハラハラしながらその世界を楽しんでいます。また、子どもの目の触れやすい場所に、ごっこの世界を広げやすい沢

粘土でゾウを作る

木工作：くるま

山の絵本が準備されています。このようなイメージの世界を広げる様々な仕掛けがあるからこそ、子どもたちのごっこの世界は豊かに広がるのです。
また、子どもたちはごっこ遊びの中で、いつもとは違う自分になることができます。いつもは親にガミガミと（あるいは、くどくどと）叱られている子どもたちも、ごっこ遊びの中では、子どもを叱る親の側に立つことができます。また、いつもは親や年上のきょうだいに世話をしてもらっている子どもたちも、ごっこ遊びの中では、かいがいしく赤ちゃんの看病をしたりします。ごっこ遊びの中では、子どもたちはいつもとは違う、ちょっと背伸びした自分になることができるのです。
3歳児で見られた「〝そのせん〟ごっこ」はその典型といえますが、もっと身近に、ままごとの中で料理づくりに興じるのも、日常的に台所に立っている親のまねをしてみたい、まだ料理を作ることは難しいけれど、大人のように振る舞ってみたい、そういった子どもの願いがあふれています。そういった子どもの思いを大切にすることが、子どもたちが社会に踏み出すための自信を育てることになります。

仲間と共に自己肯定感が育つ

子どもを褒めて育てることは大切です。でも、ただ褒めているだけでは、本当の意味での自己肯定感は育ちません。

先ほどもお話ししたように、3歳児は、家族以外の大切な「仲間」を意識するよう

木工作：くるま

描画：ぞう

になる時期です。自分を客観的に捉える力が未熟だった三歳児たちも、四歳が近づくにつれ、たとえば、B君は自分よりもお絵描きが上手であるとか、C君よりも僕のほうが足が速いといった、相対的な比較をする力がついてきます。そのようなとき、親がいくら「あなたは足が速いね」、「あなたの絵は上手ね」といって褒めたとしても、子どもには響きません。逆に「褒められたからには、もっと上手に描かなくては」とプレッシャーを感じ、絵を描くことの本質、描くことの楽しさを見失ってしまうことが少なくありません。

我々大人は、我が子の姿を評価的な目線で見てしまうことが少なくありません。描画であれば、育児書には三歳半をすぎると目や鼻が描けるようになると書いてあったのに、我が子はそれができていないだとか、同じクラスの子はもっと上手に描けていただとか……。子どもの育ちに親が責任を持つことは大切ですが、その切迫感が子どもの今を共感するゆとりを失わせてしまいます。

では、3歳児の中で、教師はどのように、子どもたちの自己肯定感を育てているのでしょうか。

そのひとつは、てい談の中でも語られている「子どもの姿を純粋におもしろがる」教師の姿勢があります。

親はどうしても現実的なことを先に考えてしまいます。どろんこ遊びに興じている子どもを見ても、「洗い物が……」とか、「高い服なのに……」とか、子どもの姿をおもしろがる気持ちにストップをかけてしまうことが少なくありません。それに対して教師は、純粋に子どもの姿を楽しむことができます。教師が楽しんでいる姿を見ると、

どろだんご

ごちそうをつくっているとこだよ

子どもたちの中にも「自分は認められている」という安心感が生まれ、新しい活動に挑戦する勇気も生まれてくるのです。

また、入園当初から、教師は3歳児だからこそ楽しめる、沢山の遊びを伝えていきます。細かなルールは気にしない追いかけっこや砂遊び、どろんこ遊びなど、細かなやり取りを必要とせず、とにかく〝集団を楽しむ〟活動を取り入れていきます。このような遊びを通して、子どもたちは仲間と生活を共にすることの心地よさを感じます。これは、もう少し大きくなって、本当の意味で仲間と意見の衝突が起こったときに、「ケンカもあるけど、やっぱり、みんなといっしょに生活することが楽しいよね」という安心感になります。

子どもと一緒に素敵な物語を創る

子どもが自分の経験を心の中に蓄積していくためには、それを語る他者がとても大切になります。

以前ある保育園で、絵を描くこと自体は苦手ではないのですが、運動会のような行事での出来事になると、急に描けなくなるというお子さんに出会ったことがあります。教師は運動会で何がおもしろかったのか、少しでも話を聞き出そうと努力したそうですが、何がおもしろかったのかを聞いても、適当にその場を切り抜けるような返答しか返ってこなかったそうです。

木工作のくるまで遊んで

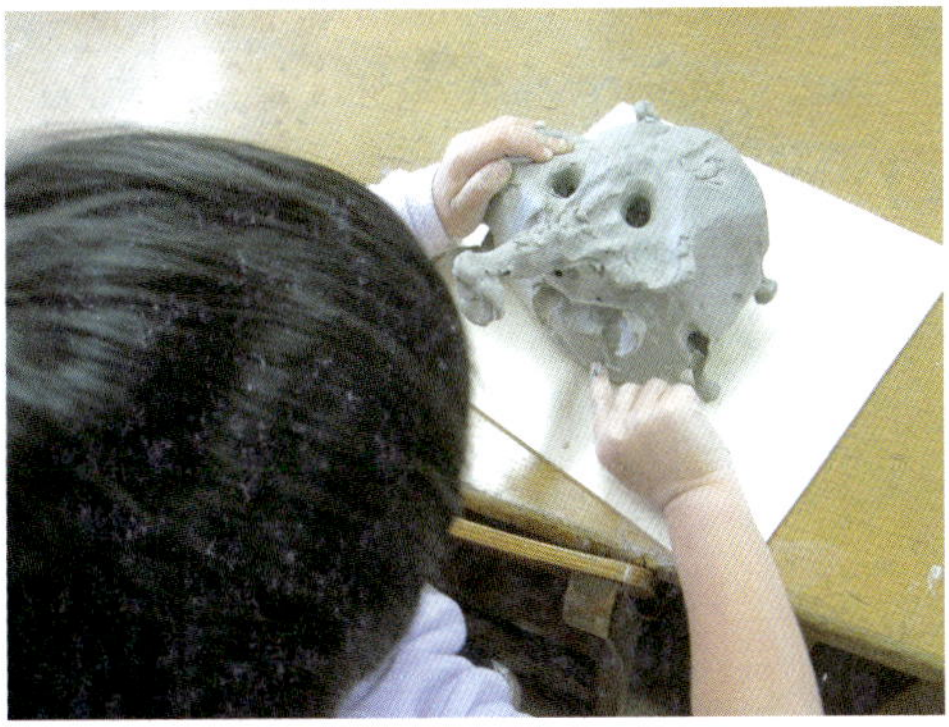

粘土：ぞう

詳しく話を聞くと、そのお子さんの家庭はとても忙しく、家に帰っても保護者の方がじっくりと子どもの話を聞くようなゆとりはなかったそうです。また保育園も、手のかかるお子さんが多く、子ども一人ひとりの話を聞くようなゆとりが十分に持てなかったということでした。このお子さんのように、自分の経験を語ることのないままに大きくなった子どもたちは、せっかくいい経験をしていたとしても、それをふり返り、記憶の中に蓄積していくことができません。

ところで、私は大学のゼミの中で、学生に小さい頃の思い出を話してもらうことがよくあります。あまり子どもの頃のことは覚えていないという学生がいる中で、小さい頃にこんな遊びをした、こんな出来事があったと、驚くほど詳細に語る学生に出会うことがあります。彼らに共通するのは、これまでにも何度も、小さい頃の思い出を親あるいは友人に話す機会があったということです。

子どもの記憶というのは、子どもの中に自動的に蓄えられていくようなものではなく、他者に語る中で、はじめてはっきりとした輪郭を持ちます。いくら素敵な経験をしていたとしても、それを聴いてくれる大人が側にいないと、子どもの中にはその記憶が積み上がっていかないものです。

子どもたち自らの経験を話したくなるような、そんな大人になれているか、親だけでなく教師も試されているといえるでしょう。

この本をつくった人々

執筆

園田　洋一　（そのだ　よういち／和光鶴川幼稚園園長）
保志　史子　（ほし　ふみこ／和光鶴川幼稚園副園長）
小島　千恵　（こじま　ちえ／和光鶴川幼稚園花組担任）
室橋　由美子（むろはし　ゆみこ／和光鶴川幼稚園花組担任）
田中　浩司　（たなか　こうじ／首都大学東京准教授）

レイアウト・デザイン

田井　宗子　（たい　まみこ／和光鶴川幼稚園卒業生の保護者）

写真・編集

大岩　佳子　（おおいわ　けいこ／和光鶴川幼稚園教務主任）

イラスト

大岩　幹治　（おおいわ　みきはる／和光鶴川幼稚園卒業生の保護者）
北山　梢　　（きたやま　こずえ／和光鶴川幼稚園花組教育助手）

子どもの作品

和光鶴川幼稚園花組の子どもたち

写真掲載協力

和光鶴川幼稚園花組の保護者のみなさん

和光鶴川幼稚園のことは、お気軽に問い合わせください。
〒195-0051　東京都町田市真光寺 1271-1　TEL 042-735-2291
ホームページ　http://www.wako.ed.jp/k2/

3歳児　うれしさを自信に
和光鶴川幼稚園　子ども理解と大人の関わり

2014年6月30日　初版発行

編著者　和光鶴川幼稚園
発行者　名古屋　研一

発行所　㈱ひとなる書房
東京都文京区本郷2－17－13
TEL 03(3811)1372
FAX 03(3811)1383
E-mail : hitonaru@alles.or.jp